CANAPÉS DE MAR

LUIS ABAROA

ISBN: 978-1-4716-7208-8

A mi hija Bárbara, la amiga del mar

CANAPÉS DE MAR

LUIS ABAROA

Canapés de mar
Olas cotidianas
Parámetros suaves
De aguas superficiales
Sobre el fondo y en tu lecho
Con ellos el derecho
A jugar sobre los mares
Tan abiertos

I

Negro mar de noche negra
Temblando sobre cubierta;
Me cogió la mar abierta,
Negro mar de noche negra:
Si tu cara Luna, alegra,
Allí no pude elegir,
No estabas para pedir
Que me llevaras a puerto,
Ni un mínimo faro abierto
En mi futuro yo vi.

II

Detalles, brillos de nasas,
Reflejo en la tarde alba
De plata, azules y malva,
Contra la faz de las casas;
Mañana fértil que pasas
Con el producto del día:
El cestón de la agonía
Saltando sin esperanza,
Y en la barca la confianza
De una buena travesía.

III

Ponle atención navegante
A la isla que viene ahora;
Llenarás tu cantimplora
De saberes de los de antes;
Y si sales estudiante,
Y al timón le das camino,
El costelaje vecino
Completará tu experiencia,
Bucearás en la paciencia
De este mar sabio y divino.

IV

En espirales entreveradas
De agua, sal y quisquillas
Juegan las almas verguillas
De grandes harimaguadas;
Canarias, por traspasada
De fuera adentro en el mar,
Chapotea sin parar
Con ocho hermanas mayores;
Las pequeñas, las mejores
Para irlas a pescar.

V

Frente a frente en tus sudores
Hacia el frente va la barca;
No piensa nunca en la parca,
Que se abstiene de rencores.
Calad fuerte, pescadores
Y a través de tu membrana,
La luz que por la mañana
Traspasa los mascarones,
A la noche en camarones
De la luz guías temprana.

VI

De tus simas en abrigo,
Surgieron las islas feroces;
Poco a poco nuestras voces
Han abocado a lo mismo,
Sufren anacronismos
Los que se inventan razones
Para sacar religiones
De pura insularidad.
Es faltar a la verdad
Echar al mar perdigones.

VII

Te amé y conocí en el juego
De vacaciones gaseosas,
Tus partículas grandiosas
Se ligaron a mis egos;
Tu olor a yodo y espliego
Circula libre en mi sangre,
Y en un arte de palangre
Pesco mis buenos recuerdos,
En las olas no me acuerdo
Del caminar exangüe.

VIII

Gota de vidas y muerte
Que creces en las montañas,
La sal y el sol que te empaña
Curan tu dolor inerte.
Eres juez de toda suerte
De pescadores, de hombres.
Con el rastro de sus nombres
Tus algas serán firmadas
COMO LÁPIDAS ALADAS
EN HOMENAJE A LOS HOMBRES.

IX

En la espuma achampañada
De una tarde marinera
Te vi engañando una espera
Sobre la arena acampada;
Y no me sirvió de nada
Saciar tu sed en mi vaso;
Ante las OLAS Ni CaSO,
No sé ya quién dio más pena,
Si tu espera o mi condena,
O de la tarde el fracaso.

X

Mar de mares nuestro mar,
En nuestras agrestes vidas
Pone la humedad debida
Y el reposo del hogar;
Cada ola estará en... El mar
Viviendo siempre pendiente
De su vaivén de presente.
Será como nuestro pulso,
Rápido, lento, convulso,
Sumergido y emergente.

XI

Se me viene a la memoria
La historia que en el pasado
Reciente en nuestro legado
Ha dejado en nuestra historia
La corriente migratoria:
Agua, tormento y desiertos,
Ángulo de vida, inciertos
Que ha hecho sangrar el agua;
El majorero en su magua
Recuerda también sus muertos.

XII

Ruta rocosa de atlante,
Dominio en que las gaviotas
Siquiera con alas rotas
Saludan al inmigrante,
Le gritan lo que hay delante
Y desearían hablar
Para decir en el mar
Que entre la vida y la muerte
Te falta un viento de suerte
Para la costa alcanzar.

XIII

Telúrico manto azul
Por la tierra doblegado,
Que duro envuelve el pasado
En kilómetros de tul,
Ni el desierto de Kabul
Encripta tantos tesoros
De cristianos y de moros
Como el puerto del Pireo,
Que tuvo tanto ajetreo
Como las sotas de oros.

XIV

Proas batientes, gramolas
De puro batir corrientes,
Son en el mapa salientes
Desabrigadas y solas.
Cabos que feroz asolas
Sin más razón que el instinto
Y en las marinas que pinto
Se oye tu golpe de roca;
De espuma clara en tu boca,
Risa cruel de vino tinto.

XV

Vengo con todos mis rasgos
A buscar asilo en ti,
Ese mar que ahora sufrí
Vierta en ti todo mi hallazgo,
Sin hambre ya por hartazgo,
Sin vida por tanta vida,
Sin sangre para mi herida,
Me libre en este futuro
De los sillares del muro
Que en mi país no se olvida.

XVI

Tiñendo el mundo turquesa
Toda la faz de la tierra,
Eres testigo de guerra;
Diste origen a la empresa;
A todos les interesa
Estar siempre de tu lado;
Ser el ser más agraciado
Por el alma emprendedora,
Tener siempre un Bora Bora
Donde arribar extenuado.

XVII

Siluetas de añil marino
Se encrestan cuando la tarde
Y en un sueño explota y arde
Sobre el cascarón divino;
Fantasmas que como en vino
Se asoman, desaparecen,
Sobre las olas se mecen
Atlantes rotos de frío;
En la calma del estío
Aún se celan y se crecen.

XVIII

Sobre la cola plegable
De una ballena encantada,
Gelatina congelada,
Disfruto de un mar amable.
Esta es la prueba palpable
De que hay un mar para todos,
A los celtas, a los godos
Varios miles de inmigrantes
Titanics vivos galantes
A su gusto y a su modo.

XIX

Sedada tarde navega
En un armario de hierro,
De puerto en puerto y no yerro
Si digo "la tarde es ciega"
La luna blanca despega
Donde la tarde se va;
Sobre el reflejo que da
Un muelle de luz me dice
Que en la noche vaporice
La niebla que encontré allá.

XX

Pantagruel sin medida
Del suelo agujero negro;
Te quiero cuando me alegro,
Te odio si pierdes vidas.
Y en los mares de la vida
Líquido culpable suelto,
Un jersey de cuello vuelto
Ahogas hasta el final
El sumidero del mal,
Si dejas tu pelo suelto.

XXI

Quebrada luna en tus brazos,
SILENCIOS culpables VELAN,
De mirada albar recelan,
LASTRE CARNAL EN TUS TRAZOS;
Sobre sus vidas retazos
De naufragio voluntario,
Serán el telediario
De un mañana y un ayer,
Que no cesa de emerger
De un improvisado osario.

XXII

Vuelve tu ver a la playa,
Espera, recuerda, arenas,
Solo de un momento apenas,
Gritos que pasan la raya;
Exilio de Alvar Minaya
Que nos repite el desierto,
Desierto de aguas abierto
En la mitad de la nada;
Nada sin lanza ni espada
Que descargar en el puerto

XXIII

Vagos términos pedantes
Te paralizan de antaño;
Orador que nunca un baño
Le ha mojado los volantes.
Canciones, Piratas de antes
Que atronáis en tu memoria,
Palabras que son escoria
Al paño de tu figura;
Nadie alaba la mesura
De un mar que entrará en la gloria

XXIV

Sácate la cuenta mar
DE TUS MARMÓLEOS años,
Cuéntame como tus paños
HAN CONTEMPLADO EL PASAR
De tus olas el danzar,
Fatal martilleo eterno,
Que convertirá en infierno
Lo que antes fue calma chicha,
Arrebatando la dicha
En tus horas sin gobierno.

XXV

Sublime cárcava esbelta
Que compone tu cabello
Donde nado sin resuello
Sin poderme dar la vuelta,
Ola de vida resuelta,
Iceberg de la estulticia;
De la histeria la noticia
De las almas sumergidas.
No quiero acabar mis vidas
Como un barco sin pericia

XXVI

En oleada de horas
Se devanea tu espera;
Sucede la vida entera
En esta playa que doras;
Y la vida que atesoras
Nos la devuelves en brisa,
Canariedad en aroma:
Alma de duna que asoma
Por el bies de mi camisa.

XXVII

La costa por descubrir
Explorada ya por otros
Bucea hoy entre nosotros
En mil cuevas por abrir;
Si nos queda por vivir
En el fondo de su abismo,
Preparados a un seísmo,
Descendamos a sus grutas,
Memorízame las rutas
Del futuro cataclismo.

XVIII

No eres rectángulo exento
De fronteras y de lados;
Te lo dicen los pescados
Si les dejas hablar lento;
Que en el mar del pensamiento
Donde nadan las ideas,
Cada habla es como seas
Y los idiomas son ciento,
Mientras nado te lo cuento
A pesar que no lo creas.

XXIX

Sordo el agua me consiente
Como cruel fue con los otros,
Consentiremos nosotros
A quien como yo el mar siente,
Pues no es punto diferente
Si de otro "hemisferio" viene,
Que un axioma lo sostiene,
La ley de Boyle Mariotte,
Arquímedes y su bote
Y el mundo que lo contiene

XXX

Anónimos héroes viven
En tus yodos, en tu brisa;
Unos ya no tienen prisa,
Otros en la brega siguen.
A los peces les escriben
Que fueron sus compañeros
Sargos y viejas, los meros;
¡Qué de recuerdos mojados!
A los héroes del pescado
Dos monumentos señeros

XXXI

En una dársena estrecha
Una gaviota muy suya
Quiso dárselas de grulla.
Soltando su hazaña hecha:
Vino de Cuba en repecha
Doblando el Cabo de Horno
Amistándose en su entorno
Al muy célebre pingüino,
El mar convirtiose en vino
Merendó gaviota al horno

XXXII

Aquí cada uno a sus anchas
Sobre la arena y el agua;
Otro hay que se desagua
Y otros que marcan la cancha;
Hace una mujer la plancha
Llora el niño el salpicón,
La señora, un sofocón
La madre "te quedas pancha"
A ver si viene y te engancha
Del escote un tiburón.

Temblaba el sol en la piel dorada, húmeda de instinto; el aire calibraba su blancor en la calima, y el manto que cubría la atmósfera local era de nacimiento en fase diurna.
Unas pinzas, una enorme, una pequeña, casi trivial, paseaban del refilón a un cangrejo en su barca de nácar, que bamboleaba al pairo....
Menuda locura sacar la barca del agua.

Chapoteaba un blanquísimo muchachito sin pañales, asustado del salto que le mojaba, en reiterado círculo de emocionantes chapoteos...la familia bien gracias, amorosamente blindada en el chapoteo menos el tío Virgilio niño, ahora, ahora, échale agua a esa....

Magia de la tarde que llega sudando vidas, estertores de la mañana que ya ha almorzado y a poco irá a retirarse, siesta de agua, merienda de locos que no saben quedarse en casa.
Y asoma tu pelo sobre la sombra de arena, y con el disimulo en el sueño pero no en la vigilia, mi corazón salta como el chapoteo del niño.

Te veo el paseo que en estela marcas en tus huellas volátiles, y la separación del mar en remakes de Moisés, las hebras del bikini que reiluminan los caminos de tu cuerpo bataqueado por la melena interminable, risueña, dorada; hago que me miras, que me hablas, que me escuchas, pasas a mi lado, el niño chapotea, mohín largo de desagrado que me largas, desaparece tu melena, tu espalda, tu culo en el mar rojo..

Queda en calma todo,

el mar me olvida,

Me salen granos de arena en urticaria,

y rojo salgo del agua

para irme a casa.

XXXIII

Sedal, anzuelos, las armas
Para llevar la instrucción
A las viejas, al cazón,
Al escalar que desarma.
Una señal los alarma,
Avisa de mi presencia
Soy el profe de una audiencia
Muy inquieta y escurridiza;
Al hallarme la baliza
Ya no fían mi inocencia.

XXXIV

Refléjame mar, el mundo
La azul ira de los dioses:
Cómo hacen que reboses
Sobre los hombres; abundo
En la tempestad, el mundo
En tu semblante refleja
La pena que ya de vieja
Carga el hombre por narices,
No comerás alperdices
Si un dios en el mar se queja

XXXV

Burbuja rueda de burbuja
En ramos de luz hinchada,
Sube al sol oxigenada
Por la escoba de la bruja
Y en el agua que la estruja
Neptuno ya viejo juega,
Cuando su casa se anega
De globitos y de aires;
Se acabaron los desaires
Y el oxígeno despega.

XXXVI

No suelten amarras DIGO,
SEGUID EN PUERTO AMARRADOS,
Que las lonjas del pescado
Cierran todas hasta Vigo.
Lleven las redes consigo
Para pescar en la plaza,
La caza para el que caza,
Y si nadie sale a oíros
Coged las cañas e iros
A pescar hasta en las tazas

XXXVII

Remansado pensamiento
Nos manda el mar con cariño
Y en su reflejo de guiño
Descanso a todo momento
Si lo oteas de la cumbre
Dulce su mansedumbre
Porque salada su sabia,
Reposta tu vista en babia
Como tesoro que alumbre.

XXXVIII

Sumergido en frío acuario
Mi mundo cambia de vida,
Veo en la arena sufrida
El fragor del pasar diario.
Y con el peso del horario
Planto mis pies en el fondo
Quisiera parecer redondo
Pez de coral coralino.
Dejar la tierra del vino,
Plantar mi voz en lo hondo.

XXXIX

Horizonte inerte, grande
A tu siempre confiado,
Me ofrezco en mar alumbrado
Al mundo que se me expande
Y en cada lugar que yo ande
La paz del conocimiento
Aleje mi nacimiento
De la ignorancia y el miedo,
Y sea como un torpedo
De olas emblema al viento

XL

Absurdo absurdo verano
En que conocí mi dios,
Termina en cuarenta y dos
El año se me ha hecho anciano;
Nadando me dio la mano
Que no me volvió a quitar
Hasta que un golpe de mar
Me arrebató la sirena
Y yo me muero de pena
Pescando en la bajamar.

XLI

En una noche celeste
Me sumerjo esperanzado
De hallarme mar a tu lado
De tu espíritu terrestre
Y que este buceo demuestre
Cómo es tu alma de verdad
Olvidar la falsedad
Que te nombra por tu nombre
Y nunca el temor del hombre
Vuelva a sentir tu maldad.

XLII

El ecléctico rumor
QUE VA, QUE VIENE Y VA Y VIENE
Las penas que esconde y tiene
Remansan desde el dolor
Sus arroyos de sinsabor.
Bajo la honda carátula
Una espina, cruel espátula,
Remueve arterias y venas
Dejando sin sangre apenas
Para la cena de Drácula.

XLIII

Tamborilea en el mar,
Serena estampa de plata
Sobre una tarde sensata
La lluvia tumba a jugar,
Verano para nadar
Y en el mundo un polvorín
Del uno al otro confín.
Aquí no sé de tsunamis
Ni de Laden, ni de Aramis
Saltando del trampolín.

XLIV

En buen arrebato arriba
De tu faz tónica y revuelta,
Asciende la ola resuelta
De alma que todo lo aviva
Y en los golpes que reciba
Sobre la suerte de rocas,
Las heridas serán pocas
Para quien quiere emerger
Saber lo que hay que saber
Llenar de verdad sus bocas

XLV

Por el mar corre la liebre
Como una mentira cierta
Y en la fauna que esté alerta
Si hay algo cierto es la fiebre,
Tsunami vital que quiebre
Equilibrios paralelos:
En el fondo los recelos
Y en superficie se estira
Un cetáceo de mentira
Que te agarra de los pelos.

XLVI

Insignificantes gotas,
Bailando al sol tan frescas
Olvidan un rato las grescas,
Ruidos marinos con botas
De otros tiempos de derrotas
De aguas de bélicos sueños,
Que en los cantos marismeños
No cantan contra la paz.
Nuestros mares en su faz
No quieren nos quite el sueño

XLVII

Desde arriba te domino,
Puedes saltar lo que quieras
Que de todas las maneras
No saltarás un comino...
Desde mi avión wanamino
Nada puedes hacerme mar;
Desde mi cola a tu lar
No puedes dañar mi persona
Ya llegando a Tarragona
Lo mismo podrás dañar.

XLVIII

Qué de cosas contarás
Al hacer tu testamento;
Para hacer tu documento
Un momento pararás;
Dejarás olas atrás
El viento y la gran marea,
La tempestad que menea:
Escribirás la historia
De un elemento de gloria
Con todo lo que acarrea.

IL

En los sueños de autopista
Por el asfalto virtual
Un deseo natural
Mientras el puerto se avista:
De Norte a Sur una pista
Que nos una el corazón
Mojadas por la razón
Para las ocho estrellas
Y amaneciendo con ellas
En una misma canción.

L

Con un sol de medianoche
En surco ágil y afilado
Dejar atrás el pasado
Cuando acabe la cruel noche;
El futuro que te abroche
En otro puerto el calor
De la gente y su rumor
Vendrán a poner la calma
Para restañar tu alma
En un nuevo resplandor.

LI

JOVEN VUELVO A LA CHALUPA

Gran Tarajal pescador,
Hoy no me siento mayor
Vivo el pasado con lupa
Y el pasado se me ocupa
Viviendo tardes de mar,
Amigos, playa, un hogar
Recién llegado que soy
Y en el futuro que es hoy
Gracias, a Gran Tarajal.

LII

Triunfarán las tempestades
Sobre tu faz, las estrellas
Hablarán sin duda de ellas
A los planetas, el Hades
Ponderando tus maldades
Sobre el mundo y su pasar,
Salado y amargo, ancho mar
Que igual que nos trae nos lleva,
Nos hunde, nos traga y eleva
Desde el fondo de su hogar.

LIII

No me pesa haber luchado
Con tus brazos contra mí;
No guardo rencor de ti,
Para eso hubiera nadado.
Al fin y al cabo salvado
Puedo presumir de náufrago
En este mundo de tráfago
Saber hundirse es la ciencia
Que bucea la paciencia
Que debe tener un náufrago.

LIV

Conozco un mar, lejano, verde
Abierto al mar y boscoso,
De mucha grey generoso
Cerrado en crestas y sierpes,
Que en los veranos hierves
Y en los inviernos hiela
Termostato y manivela
Del Norte de mis recuerdos
Que ahora nadan en mis verbos
Como del cielo una estela.

LV

Nadaba Tin en la ola,
Las olas tintineaban,
Tom seguía y los nadaba,
Formando los dos una bola.
Allí una langosta sola
Y un escarabajo viejo
Soplo de alisios añejo
Viajando uno tras otro
Para empatarlo con otro
Hasta el bar de Corralejo

LVI

Veía tu imagen clara
En el agua a contraluz;
Allí fue que anclé la cruz
Y al resplandor de tu cara
La sonrisa recobrara
Para olvidar mi agonía,
Mi noche con alegría,
Y en las flores que te traje
Mi corazón quizá encaje
Los colores de mi día.

LVII

Blandito y escurridizo
Azul, rojo, plateado,
Verde, negro, y atigrado;
Veterano, advenedizo,
Huso, o en globo, o erizo,
Hetero o hermafrodita,
De alta mar o troglodita,
Enano, pulga o cetáceos,
Peces, lonjas y crustáceos
Siempre el mar os necesita.

LVIII

Excrementos retardados
Renuevan en unos años
Este escenario de baños
Llamado playa. A los lados
Horizontes de adosados
Quieren esconder el daño
Que no es licencia, es apaño
De listos y desalmados
A tristes hipotecados
Naufragando en el engaño.

LIX

Escapo a tu vera mar
Para encontrar medicina
Lejos ya de la cocina;
Rutinario trabajar
Vengo a ti a descansar
Dejándome hacer por ti
Lo que quieras tú de mi,
Me acunes como los niños
Me ofrezcas todo el cariño
Y quiera quedarme aquí

LX

Y alegre en su juego el mar
Lo vive en el diferente,
Se ofrece en ramo docente
Que le enseña a disfrutar,
Y siente al chapotear
De las manos dislocadas
Las cosquillas más amadas
De una madre protectora,
Así los niños te adoran
Y lo gozan si te enfadas.

LXI

Volcará la vida en tu ola
Un sueño que ya no llega
Apenas salta y navega
Pero siempre muere sola.
Dejará el mar en su cola
Todos los sueños del río,
Aquello que no fue mío
No desemboca en el delta;
La vida no deja suelta
La suerte sino el hastío.

LXII

Galera de esclavos y
Los rápidos bancos de
Peces plateados que
Se me asemejan a mí
Como traineras que así
De una o de toda manera,
En toda la historia entera
Eternamente revuelven
El agua en que otros disuelven
La sangre de vil patera

SIN EL SILENCIO

Sin el silencio
No oiría el murmullo
Claro de tu vida.
Sin el silencio
La confusión,
El veneno del tráfago,
Naufragaría
Muy cerca de ti,
Pero nunca
Saldría de la barca.
Sin el silencio,
Aturdido,
Mi corazón
Seguiría perdiendo vida

LXIII

Agradable tarde en plano
Calma en el agua, rumor,
Paseo, rumbo al amor...
El cielo nos muestra como
Se va la luz como un cromo.
Vamos hollando la arena
Moliendo espumas y penas,
Charlando de aquella tarde
En que la luna nos arde
Para una noche aun más plena.

LXIV

Emerge la red rebosante,
Surgida de tu frío vientre;
Dejas que tus hombres entren
A saco con sus palangres;
Mañanas y tardes de sangre
Poniendo fuego a tu azul;
Se encabrita algún atún,
Pero sin ti no es posible
La vida que sumergible,
Nace y renace a tu albur.

LXV

Peligrosa travesía
En roca de acantilado
Bajo el cormorán alado
Navega al rayar el día
Graznidos son garantía
De faro y de buen calado
Será también de pescado
Lo grita la algarabía
Y cuando despunta el día
Ponemos rumbo a otro lado

LXVI

Pasea su gorra el molusco,
Saluda a la gamba fina,
El mar que no tiene esquina
Siempre me da lo que busco
Piedra de sepulcro etrusco
O cien kilos de sardinas,
Al mar están las cocinas
De la cultura y su pulso,
La historia es un mar convulso
Desde Lisboa a Las Chinas.

LXVII

Donde el ánimo en arena
Estirado al sol solaza
Tu piel tostada se aplaza
El tiempo, el mundo, y la pena.
Mientras llevas la condena
De repetirte ola a ola,
El alma dulce en gramola
Se distiende de la gente
En un vivir diferente
A su ritmo y a su bola.

LXVIII

Salta la gota en su vuelo
Y muere viva al caer
Lleva el aire al perecer
La espuma que trae tu pelo
En tu sonrisa un anhelo,
Que no se acabe el verano,
Que el amigo de tu hermano
Se mueva en el rompeolas,
Verse contigo a solas
En el pantalán cercano

LXIX

Espuma, ruido sinfónico
En pentagrama rocoso;
Vibratto, andante y grosso,
A mis oídos un tónico.
Vuelo por el mar jónico,
Salto a los Dardanelos,
Huelo al mar, huele a pomelos;
Si vuelo más, me evaporo,
Esquivo micenas, un toro,
Regreso en un violoncelo

LXX

Nave onírica rumbosa
Que me funde con el cielo
Paz que me das, que
Yo anhelo
Por sobre todas las cosas.
Despacio vuelvo a la calma,
Tras el relajo del alma
En el vaivén de tu juego,
Y me va creciendo el ego
Que me sube hasta la palma.

LXXI

Responde otra ola a la una
Con más altura rampante
Cortejando al mar galante
Con su sonora fortuna.
Ríe el mar esta tontuna
Eterna de enamorada;
Ondas cual más desfogada
Deshechas sobre el galán,
Y en el gemido que dan
Exhalan su alma ultimada.

LXXII

Busca líquido desierto
Y aspira su yodo sabio,
Aroma de ciencias agrio
Concentrado pero cierto;
Allí si no andas despierto
Te comerá el tiburón;
Ata bien el cinturón
A la barca que acompañas;
Restriégate las legañas,
Dale a tu vida emoción.

LXXIII

En una vela apostada,
Otra gaviota marenga
Limpia, elegante, abolenga,
Graznome una parrafada
Sobre la pereza alada
De los yates de verano:
"Óigame," me dijo," hermano,
Que haya cosa que no entiendo,
Tumbados los estoy viendo
Casi todos mano a mano.

Luego los veo comiendo
Desde arriba como enanos;
Van al agua y con sus manos,
Vacías salen, no entiendo...
Cuando barreno pretendo
Sacar de la gran despensa
El maná que me dispensa
Lo que me acabo comiendo.
Ellos no, ellos se acuestan,
Uno solo el agua mueve,
Y mientras, los otros nueve,
Viven en día de fiesta.
Es de un colgado que apesta.
Desde Salvador Gaviota
Nuestra especie, oye y anota,
Se busca el diario alimento
Con su trabajo y tormento;
Llena tus manos, idiota".

LXXIV

Arena en la brisa ciega,
Ciega de arena la tarde,
Larga y roja niebla que arde
Cuando el viento la despega,
Que ni el sol sale y navega
Siendo la mano culpable.
Cada golpe es como un sable
Que con la arena me juega
De mí se ríe y doblega,
Con su faz desagradable.

LXXV

Entre cien cangrejos rojos
Tu moreno sobresalía...
Tu cuerpo no se perdía
Como un grillo entre piojos;
Tus pies, mojados, tus ojos
Esbeltos sobre narices
De las guiris con varices
Que alfombrando están la playa,
Tu belleza es una raya
Que no deja cicatrices.

LXXVI

Maderas a la deriva,
Botellas de litro y medio
Cogen al mar en el tedio
Y sufre en definitiva
Tanta suciedad masiva;
Además de espeluznante
Es un detalle atorrante
Del mal hacer marinero,
Debemos al mar dinero
Y le pagamos con mierda;
Sépase quién es quien pierda
En el cambio, naveguero.

LXXVII

Vuelvo a verte desde arriba
Y esta vez no quiero verte,
No he podido frente a frente
Y has ganado la partida;
El vértigo ha hecho una herida
Que cierra mi ventanilla
Y a no llegar a la villa
Mis ojos no puse en tierra
Me mareaba tu fuerza
Qué sofocón en la silla

LXXVIII

Viva el agua que te bebes
Para hacer tu vida eterna,
De la manera más tierna
Das al río lo que debes;
Lo que viene de las nieves
Trasciende en ti como en gloria,
Todo río ya es historia
Cuando te alimenta el alma,
Luego lo dejas en calma
Para llenar tu memoria.

LXXIX

Agua clara y sal cristalina
Fría, helada, distante
Más lejano el bogavante,
Por allá nada cristina.
Si por la playa camina
Empatada es con la ola,
Arrasando con su cola
El manto de tierna arena
Olvidándose la pena
De haberse quedado sola.

LXXX

Arrepentíos al viento,
El fin del mundo llegando,
Os encontró navegando,
Os ha llegado el momento.
No os resistáis, ya no hay tiempo;
El remolino que os traga
Será también el que os haga
Héroes del frío mundo
Desde lo más profundo
De la leyenda a la saga.

LXXXI

A caballo iba la gamba,
Por el fondo se escondía
La raya, de la armonía
La cangreja patizamba,
Se descojona la gamba,
De los tumbos en las rocas,
Multitud de pocas bocas,
Coros hambrientos de peces
A tu ritmo que los meces
Y a tu merced los azocas

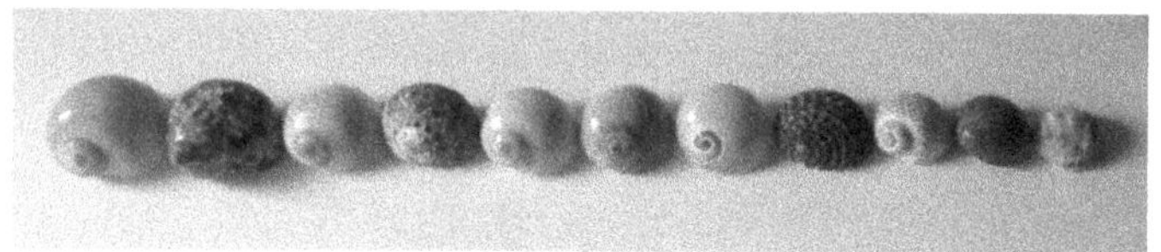

Me siento en galeras, amarrado a un duro banco, ataviado de sal y esclavitud, a la fuerza del viento que me ha traído hasta tu vientre iracundo. Nada me ata, y el destino ya ha hablado, sobre la pala del remo escrito; mis compañeros callan, lo saben todo, salvo dos que ponen cara de pregunta constante... el destino ya ha volcado la embarcación, a qué preguntar, a qué machacar el origen de todo esto, a qué si tú mandas, si tu faz más horrible se presenta en fauces, si tus patas en rampante actitud voluntariamente levantas. ¿Qué puedo hacer yo contra eso?....tuú, negrero azul, que no das tregua...claro que porfiaré empujando esta embarcación sin más rumbo que el señalado en tu bitácora y el que decidas por debajo de ella.

LXXXII

Encrespados tus cabellos
Que asustan al navegante
En tu oleaje rampante
Brotan de ti los destellos
De sal y espejo, y en ellos
Superdios, de tridente
Tan colosal e imponente
Dictas las leyes de tierra
Si hasta mandas en la guerra
Tornando loca a la gente

LXXXIII

Capaz fuera de seguir
Hasta el lecho de Neptuno,
Advertirías que ninguno
Te amaría más que yo.
No te hagas la sonsa no,
Que me has echado el anzuelo
Y en las hebras de tu pelo
Bullen ya mis largas canas
Entre las olas ventanas
Son ojos de nuestro vuelo.

LXXXIV

En apasionado salto
Dos pares de delfines
En dos días muy ruines
Se entregaron al asalto;
Los colores del cobalto
Entretejían el nudo
Dejándonos más que mudos
Al juego que va siguiendo
¡Diablos!, nos vamos yendo,
Que se ha formado el embudo.

LXXXV

Dejará el mar por un momento
Plano el mundo, sin salida,
Oscura vuelve a la vida,
Tierra, muerte y sin aliento,
Ocupa el mundo viejo viento
Que rastrojando futuro
Levanta de arena un muro
Que nos devuelve al pasado
Para sembrar en el vado
Medusa de tiempo oscuro...

LXXXVI

Geométricas estampas
De alocadas carrerillas;
Un instante en el que brillas
Como la tarde que escampa;
Por tu lomo sube en rampa
Depredador elegante
La orca de boca gigante
Que una columna devora.
Quedas por más de una hora
Sin tu corazón brillante.

LXXXVII

Calamar me has atrapado
Ventosa al vientre y a saco,
Tu vino viene de Baco,
Paladar agasajado.
En el mar eres pescado,
Sales a dar una vuelta,
Pero la salsa que sueltas
Es de caza terrenal,
Un plato que no es normal
Y no hay que darle más vueltas.

LXXXVIII

Entre el banco más vivido
Como un pulpo en un garaje
me hallaba con aquel traje
De rana y vidrio vestido.
Me sentía entrometido
Torpe entre tanto saber,
Como alucinando al ver
La curiosidad de los peces,
Sobre mí y algunas veces
No me quisieran morder.

LXXXIX

En un momento bajaron
Tan negros y gaseosos,
Llenos de plomos, graciosos
Cuando de pronto llamaron,
Por el cable lo contaron:
Hay todo un mundo perdido
Para quien quiera nacido,
Solo los privilegiados
Viven tal mundo encantado
De tu tesoro escondido.

XC

Buceaba sin aletas
Por fondos fosforescentes
De luces rojas gradientes
Camuflado entre las grietas;
Como duende entre las setas
Y lleno de blancor lleno,
Topé con un barco heleno;
Con los ojos su tesoro
Comparado con el oro
De tus fondos, es veneno.

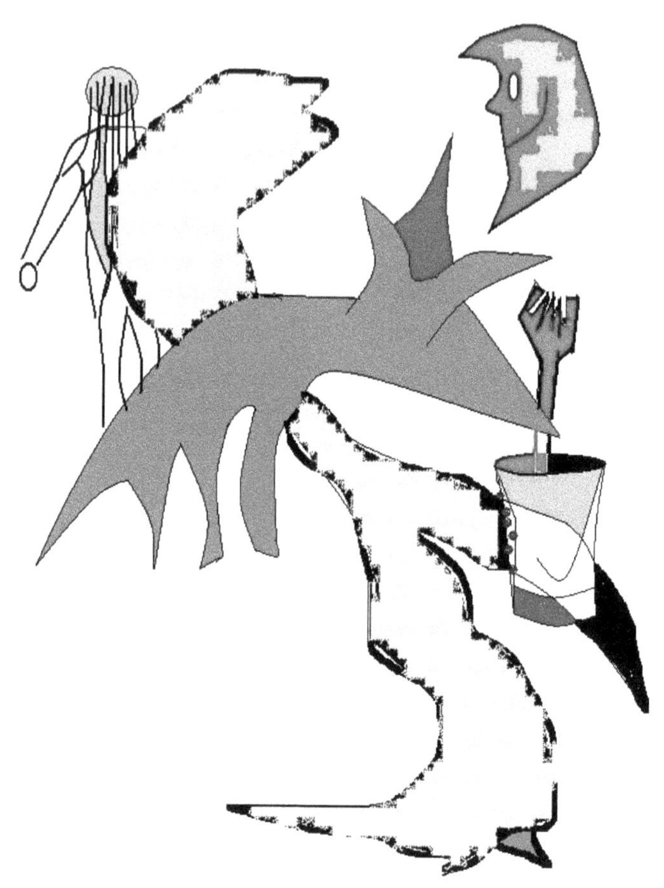

XCI

Sobre si te quiero o no
Mar, lejos de ti nací
El paisaje que aprendí
No fue muy mojado no,
Urbanita del montón
De niño me sorprendí
De la fuerza que te vi
Del recuerdo hice pasión;
En mis oídos tu canción
Nunca más dejé de oír.

XCII

Duras escamas de fondo,
Híbridos muros curiosos,
Colores maravillosos:
Lástima, su sede en lo hondo.
Si me pidieran, respondo
Dónde estuviera el coral,
Le digo que al natural,
Que nunca muerta la pieza,
La madre Naturaleza
Vuelve a su estado normal.

XCIII

Hubo una vez un barquito
Varando quizá era en Suez
Quizá en cáscara de nuez
Pero que muy chiquitito,
Que como todo barquito
No sabía navegar;
Cuando lo echaba en el mar
Y pasaban las semanas
Perdía todas las ganas;
Se ponía a naufragar.

XCIV

Juego más divertido
De los que se oye en el mar
Nunca sabrás al zarpar
Si tu barco será hundido
Por las flechas de Cupido,
Si de una niebla supina,
Que te tape toda esquina,
En Bermudas te hallarás,
Luego untado en fierabrás
Despertarás en llantina.

XCV

Hay mares muy pequeñitos,
Mares repletos de sal;
Otros que salieron mal
Y los hay ya mares muertitos;
Sin embargo, yo repito
Que mares no hay más que uno
En el que mora Neptuno,
Uno que llaman Poseidón,
Un mar al que le sobra don
y late como ninguno.

XCVI

Suave, suavemente, suave
Sobre la sal espumosa
Cruel muchacha tan hermosa
Se insinúa como el ave
Del paraíso que sabe
Alegrar tu magno espejo.
Y como en acto reflejo
Tú, coqueto de caricias
Gozando de las delicias
Que ya no tienen los viejos

XCVII

Ahogado por conocer
Cómo comen las estrellas,
Bajé al fondo a hablar con ellas
Para con ellas comer.
No tardara en convencer
De tan singular dominio,
Lejos de mi raciocinio
Verlas saciarse contentas,
Una que no estaba atenta
Enamoraba a un actinio

XCVIII

Hervía el embarcadero
De piezas en el chinchorro,
Las peanas de tintorro
Entre jareas y meros:
La fiesta del sumidero
A la solaja salvaje,
Menos mal que traje traje
Pa refrescar la peana,
Si no quién viera a mi hermana
Potando todo el potaje.

IC

Y es la playa el escenario
De la vida de los días
De los pueblos y sus días,
Lunes, martes, qué calvario
Domingo en el campanario,
Viernes, tostado en el cielo
Al agua a mojar el pelo
Fiesta fiesta y corra el aire
No perdamos el donaire
De la playa del Bachuelo.

C

Peinando el mar con la quilla
En ristre retando a todos,
Criba el barco con los codos
Vida a babor y a estribor,
La espuma rompe el color
De tu manto sideral
Es la aguja de un telar
Que fabrica tu algodón
Cubriéndote de mantón
Y cremallera ejemplar.

CI

Repasando cada gota
Muy hacendoso el mar estaba,
Quitándole hasta la baba
Al pez globo que rebota.
Como no acababa explota,
Tocaba gran zafarrancho
Y viene y dice un lebrancho
"Mira mar, para que brilles
Hace falta que cepilles
Al Hombre que está tan ancho

CII

Ensuciando todo el día,
Saqueando tu despensa,
Mientras al fin solo piensa
En llenar de porquería,
Tu agua, la de otro, la mía,
Creyendo que la bañera,
Durará la vida entera
Filtrando y donando vida,
Ocio, sueños y comida
Sin un poco de sesera.

CIII

Quiero enseñarte algo mar,
A chatear en banda ancha
Con el Canal de la mancha
Y el Peñón de Gibraltar
Quiero descubrirte mar,
Nuevos puntos cardinales
En tus campos digitales
Vistos en el Google Earth
Tu historia y futuro mar
Infos sobrenaturales

CIV

En bellos documentales,
Y homenajes que son tales
Que el hombre te procura
Admirando en tu figura
Y el bies de tus animales,
Los lugares especiales
Que se suman a tu suma
En cuadros de blanca espuma
Se presentan inmortales
En talentos espaciales
Viral de orgullo rezuma.

CV

Entre las filas de hamacas,
Viejas, nuevas, aún oliendo
Cenizas, migas, moliendo
Colillas, diademas, cacas
Donde la metas y sacas
El hálito espectral de la playa
Hasta que veas las rayas
Enseñándote los años
Que dura que en este baño
La mierda, por roca se encalla.

CVI

Alivio estoico, inmutable
Eternamente cambiante
Entro en ti y hacia delante,
Tú permaneces estable;
A veces eres amable,
U hondamente indiferente,
Vacío o lleno de gente y
Si tu voluntad es levantisca
Que Dios nos proteja y asista
Sobre todo al inocente
Que no aprendiera a nadar
Dos filos sin filo eres
Eres par

CVII

Y entre la fila de hamacas
Olvidando toda higiene
Explora el mundo este nene,
Se clava la punta de estaca,
Te veo llorar por la faca
Que horada tu piel suave y fría
No puedes hacer nada, hija mía,
El hombre será siempre un cangrejo
Que no se mira al espejo
Para ver su porquería.

CVIII

Sonidos en tu memoria
Rasgados y turbulentos
En el marasmo violento
De los hitos de esta historia
Estos hitos son escoria
Ante el estupor absurdo
Del viaje que sale zurdo
Con perdón, de la patera,
No olvidar la vida entera
Cómo sufre hoy este mundo.

CIX

En un solaz descansado
La niña y el que está al lado
Descansamos los excesos
Nos ahorramos unos besos
Sol en la piel ha llamado
Abrimos los ojos en eso
Y en la arena en embeleso
Mojando la espuma un cayado
Vuelve la piel al tostado
Para desahorrarme el beso.

CX

A la lancha persiguiendo
Y en dos piernas separadas
Con las manos agarradas
Barras de olas rompiendo.
No creo que vaya corriendo
El esquiador, que va tieso,
Cómo va a pensar en eso
Con la tensión de sus músculos
Así se ganó este opúsculo
A un esquiador ex profeso

CXI

De cara al mar viven ellos
Te vigilan día a día
Alerta a la antipatía
Cuando quieres dar qué hablar.
No logras hipnotizar
A estos hombres y mujeres
Te ganan en los poderes
Para las vidas salvar
Son dioses dentro del mar
Que conocen cómo eres.

CXII

Detalle de aire que inspira
La sublime ola que llega,
Explota en globo que anega
Tus ojos de fría pira;
De chispa que en blanco expira
Y en calma deja la tarde;
Al momento vuelve y arde
Una nueva hoguera blanca,
Y en este instante me arranca
La lágrima en chispa que enarde.

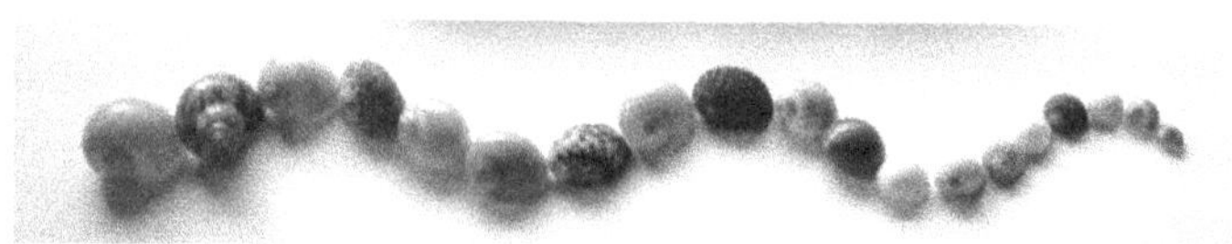

Se hubiera dicho que era la mujer mareada más bonita y elegante de la historia pequeñita de los mareos en un buque jamás contada; en un pequeño hipido tu vómito, en una leve brisa tu bocanada, en una danza sensual tu irquevoyyquemequedo.

El balanceo hermoso, discreto, damita en apuros pero señora para su auto control, y aun comentando el viaje sin apuros a los conviajeros.

El suspiro de ya se irá y una sonrisa cómplice con las caras sabedoras.

Y busqué una palabra para ti y para darte y la hallé y te la di de justo cuando emergimos a la primera cubierta y fue: "señora".

Y a pesar de tu situación de tormenta, y pese al vaivén de tus neuronas y al puzle de tus entrañas, aún mirándolo dijiste:

¡Qué bonito es el mar!

CXIII

Hablo de ti como vecino,
Que tu hermano no soy ni marinero;
Me baño, juego, navego, pero
Ni siquiera sos mi padrino;
Sin embargo, error supino
Fuera no concederte
Que de la vida a la muerte
Vivir siempre al lado tuyo
De todo lo que yo intuyo
Es la mayor de las suertes.

CXIV

Paseaba, venía, rondaba
La toalla retorcida,
La mirada perdida,
El ladrido, perdido estaba…
De repente brincaba,
Oteaba la ola, empingado,
La lengua, orejas, tan alborozado;
Y apenas si se atrevía
A templar el agua fría
Con su pata en mi costado

CXV

Salado del mar mojado
Sacudo una pata primero,
Mis lomos con gran esmero,
Y luego el pelo empapado.
Escruto por el costado
Si alguna perra me ha visto,
Qué valiente soy, qué listo
Bañándome con mi dueño,
Para él siempre me empeño
En ir más allá del existo

CXVI

Fonil de tierras perennes
Que contemplaste a Platón,
A Hércules el gigantón
Y a los británicos indemnes;
Ahora el mundo tiene viernes
Y lunes que son reales
Donde mueren ilegales:
La sinrazón del estrecho
Por eso donde hay Derecho
No hay razones naturales

CXVII

Deshecho reflejo de luna
Al ritmo de barcarola
Reverbera en chispas la ola
Que me trae de ti la hambruna.
Y apuesto de todas una
Navegando sin parar.
Contigo cómplice mar
Me hará llegar tus caricias,
Rotunda noche de albricias
Que esta luna me ha de dar.

CXVIII

Flirtea el merlin con la cubierta
Saltando la proa en paralelo,
Juegan los dos al abuelo
Hemingway en reyerta;
Cantidad de páginas alerta
Navega el viejo en pos del pez;
Piensa sabio alguna vez
Después de tanta descubierta
En página apenas abierta
Morirá el viejo y morirá el pez.

CXIX

Sos ábaco rutilante.
Las bolas de tu suma
Son todas hechas de espuma
En la clase del atlante.
Será la cuenta gigante,
Multiplica multiplica,
Gigante, sale e indica
Cuántas gotas has contado,
Llégate al acantilado
Y escribe en la pizarrica

CXX

En honda respiración,
Yo en el muelle esperaba
Ayer que bien regresaba
De mi hija la inmersión,
Profunda la admiración,
Viéndola tan transparente
Del agua en un parapente
Claro y rotundo fue ayer
En el mar se hizo mujer
Mi damita de repente

CXXI

Ducha de luz asombrosa,
Sólida espera nocturna
De la claridad diurna
Sobre la playa escabrosa.
Luces Luna, tan hermosa
Que esperaría mi vida,
Más aún, todas las vidas
Sobre noche tan sabrosa,
De tu alma silenciosa
Junto a la noche dormida.

CXXII

Mi noche estaba tranquila,
Blanca carita de Luna;
Sombra de olas, ya ninguna,
Azúcar azul de Manila.
En piel rompíamos la orilla,
Alborozo en piel y fortuna,
Erótica faz de la Luna,
Que empapa los sentidos,
Vivos momentos vividos
Bajo el fragor de la Luna.

CXXIII

Estelas batidas, paralelas
Sobre mi tiempo de viaje,
Pensamientos de andamiaje
Ante el azul que desvelas,
Futuro que en tu hondo celas,
Camino de un nuevo puerto,
Si llego al fin no habré muerto,
Si vuelvo a ti estaré vivo.
Navegar será el motivo
De mantenerme despierto.

CXXIV

Con cubos, palos y picos
Mi hermano y un servidor
Construimos lo mejor,
Castillos, mansiones de ricos
"no lo pises, te salpico,
Pasa por la orillita"
Le dije a una niña bonita,
Lacitos, gorro, un incordio,
Recuerdos duros, la odio
Me rompiste la playita

CXXV

Mojan tus lágrimas frías
El sendero de inmigrantes
Los perdidos navegantes,
Lo fatal de esta sangría.
Mas el hombre aún confía
En que le lleves avante
Impertérrito y Atlante
Hasta sus horizontías;
No son locos ni manías
Cuando el hombre es como Dante

CXXVI

No vas mendigando asombro
Entre azul serenidad,
Lo tuyo no es vanidad
Que de la ruina hace escombro;
Lo tuyo es instinto al hombro,
Belleza y reflejo auténtico.
Tal como tu hermano idéntico
Pintas la vida con celo,
Un tándem con mar y cielo
Quiebra el espectro esperpéntico

No invadía aquel cíclope la playa con su mastodóntico pie... era un Polifemo tímido, apoyaba nervioso su amplia extremidad, intentando no aplastar a los usuarios que corrían indiferentes a su colosal presencia. Detenía en el aire e ipso facto aquella columna locomotora a la mínima posibilidad de molestar a los humanos... y eso le acarreaba los calambres correspondientes transcurridos treinta minutos por el peso de sus piernas.

O eso, o no le permitirían cruzar la playa... ya algún bañista casposo y meto metódico charleaba en corrillo sobre la posibilidad de que el cíclope pudiera entrar en el agua, ¿y si aplastaba a un buzo, o peor a un niño... aquel que era medio ministro diputado por los verdes disertaba indicando hacia él que iba a tener un impacto desconocido y terrible sobre la plataforma continental y la vegetación subacuática si se adentraba en el mar semejante coloso.

Importaba poco para el cíclope, con un solo ojo las cosas se ven de manera diferente..su sueño estaba a punto de hacerse realidad... saldría a mar abierto y como mamífero cetáceo las líneas magnéticas le orientarían hacia el destino querido, allá donde con la fuerza de su propio soplido llegó hace años, ya hace años para encontrar la fragancia de una orilla amiga, el descanso de su alma inquieta, el doble de su existencia y recorrer magnéticamente las dos distancias de su vida.

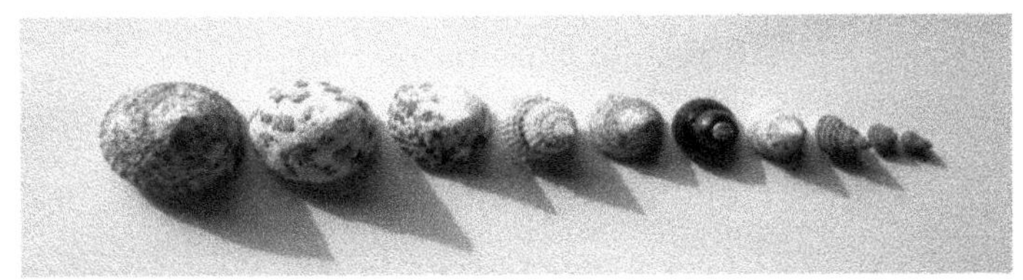

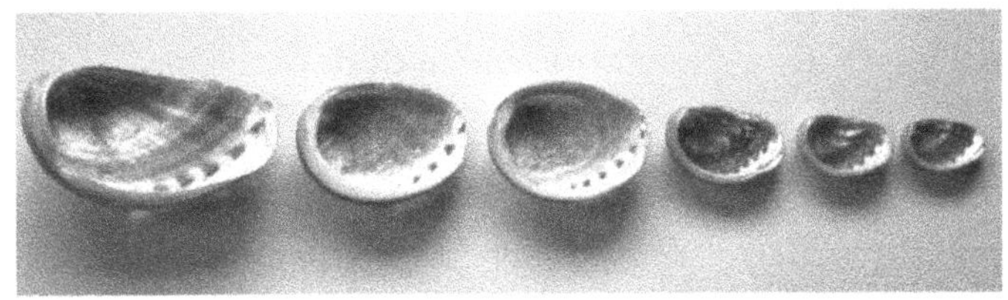

CXXVII

Corrientes que serpentean
Brillando en el quetepillo,
Con la palabra en el brillo;
Son tus colas que ventean,
Tu calor y frío albean
Como alambique libre
En on the rock de jengibre
Desde el Golfo que las vea
Hasta donde lagartean
Y se hacen invisibles.

CXXVIII

Borrón de esponja que anega
Tu esperanza en un momento;
Si a favor ayuda el viento
Hasta mi corazón llegas.
¡Hombre! ¿Qué mundo legas?
Si tu corazón se detiene
Cuando la sombra contiene
En ese manchón estampa
Su firma del Hombre el Hampa
Del desastre que nos viene.

CXXIX

Tus enaguas enganchadas
Entre gaviotas, cangrejos,
Junto a las sillas de dos viejos
De las palabras calladas
Atentos a las pasadas
De las pequeñas criaturas.
Tus vestidos son pinturas
Estampas de nuestra vida,
Cuando duerme adormecida
Sobre el pincel no es tan dura.

CXXX

Volutaron las olas de antaño
Repicando en mí conciencia;
Surfeando aprendí, la paciencia
Para sortearlas hogaño.
Aquel amargo bogar de años
No podrá conmigo ahora:
Véase en catálogo la eslora,
Sépase la potencia en tabla
Que de mi potencia me habla,
mi reloj sincroniza en hora

CXXXI

Derramo horas de humedad
Sobre rudo bamboleo,
Los alientos de Morfeo
Se han fugado con la edad;
El día, la noche, el día,
Solo azul, azul, la vida.
En el agua vierto el sueño
Y dejo de ser el dueño
De mi vida y de mi edad.

CXXXII

En una babosa hinchable
Pendiendo mis brazos esbeltos
En quilla a horizonte sueltos
Juegas con mi espalda, amable
Alejándonos del jable;
Segura, suave, serena,
Descargo en ti mi melena
Y me acomodo en tu seno
Es un masaje tan bueno
Que me despierto en la arena.

CXXXIII

Arreglado se ha un cayuco
Mirando de nuevo a mar;
No quieren imaginar
Parados en el estuco
Sus vidas no tengan truco
Que les haga esperanzar.
Si acaso decide el mar
Por sus fueros su esperanza
No perderían la confianza
De volver a navegar

CXXXIV

Caminos de agua se busca
Que la cruz lleva a cuestas,
Tú mar, en tu cara apuestas
Porque este viaje reluzca
Y en tu cruz y cara brusca
Un albur muerto respira;
Pues la suerte no se vira,
Pero las cosas suceden
Y bajo tu cara hieden
Tantas cruces de deriva.

CXXXV

CIELO CELOSO

Me vigilas por el día,
Preguntas por mí a la noche,
Que si puede haber derroche
De amor por la luna fría.
Rey del Cielo, vida mía,
Soy un amante a dos tiempos,
Por el día tú sediento,
Por la noche, iluminada
De tus rizos, muy amada
Se bebe por mí los vientos,
Ahí es nada.

CXXXVI

Me ha dado la venia el mar
Para con él jugar tierno;
Unas veces es infierno,
Otras un cacho de pan;
Volantes vienen y van;
Como un niño son inquietos.
No voy a faltar los respetos,
Y para que conste lo escribo,
En cien décimas lo digo
Y en todas me comprometo.

CXXXVII

Y aún te digo que no obligo
A nadie a leer medida
De mis versos la caída,
Mi rima, el vals de mi ombligo,
Si quieres lee lo que digo,
Lo leerás sin mantel
Que allá se queda Espinel,
Para mantel habrá tela
La mejor será espinela,
Mas yo soy yo y él es él.

CXXXVIII

A diez manos arrastrado
Sobre del agua del aire,
Luce el pulpo su donaire
Antes que sea pescado.
Pintando de azul tintado
Tus paredes a su vera
Semeja grácil quimera
Escapando de la muerte,
Ya ves, que no ha habido suerte,
Será otra vez la primera.

CXXXIX

Tira la fija a un cangrejo;
Esta vez no se te escapa;
Si el arpón pincha una lapa,
La puntería es de viejo,
No pesques, come conejo,
Marisco no habrá en tu tapa;
Luego disfruta y destapa
En la playa un malvasía;
"la pesca no es cosa mía,
Mas tengo al mar en mi mapa.

CXL

Esquivo los tornasoles
De un manso mar que se muere
Si haya gente que tolere
Matar de aceite los soles.
¿Qué es un puerto, caracoles?
Olor, oler, mal olor;
Me rinda como una flor
O me abstraiga en el trabajo
El ajo fue siempre ajo
Y el puerto una tufarada.
Ay mar, la mar reventada
En las cloacas del sol.

CXLI

Se aprende a ser tortuga
Bajo la norma de instinto.
Si quiérase ser distinto
Solo serás una arruga,
Sales de arena verruga
A la carrera en tu grupo,
Solo llega la que supo
Entrar al agua discreta
Sin que un pico de faceta
Reduzca puesto en el cupo.

CXLII

Sin embargo, si has llegado
Este mar será tu amigo
Por cien años, un abrigo,
Escenario afortunado.
Tu caparazón alado
Hermoseará este mundo
Y en ese viaje rotundo
Todo el mundo habrá cambiado

CXLIIII

Si el mar me marearía
Si el mar me marearía
Y en mar con ser el mar yo no supiera

Si en la marea del mar, si ni siquiera
El don del equilibrio no tendría;
Si el don del equilibrio no tuviera...
Yo digo que mi vida no valiera,
Yo afirmo que vivir sin la armonía
Del mar sería un cualquiera, no valdría.

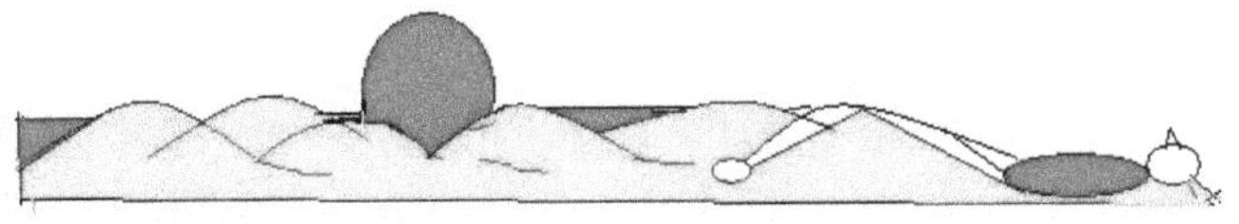

Epiélago

Básicos versos son estos
Que me manan como churros;
De la mar manan los burros,
La poesía de Hefesto;
Y aguantaré los denuestos
Que se paren a aclarar
Que mi boca he de callar
De tan comunes lugares,
Mis versos son como mares
Que no acaban de varar

Al mar y a la distancia
A la distancia del mar

Luis Abaroa

www.ingramcontent.com/pod-product-compliance
Ingram Content Group UK Ltd.
Pitfield, Milton Keynes, MK11 3LW, UK
UKHW020237250726
13967UKWH00001B/413